AF601006

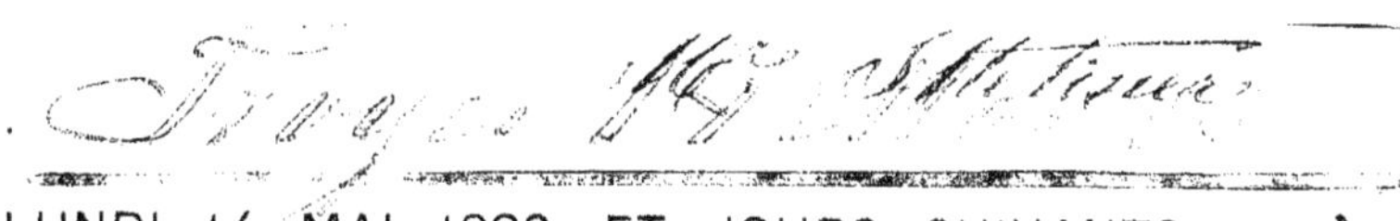

LE LUNDI 14 MAI 1883, ET JOURS SUIVANTS

à deux heures très-précises

A TROYES, RUE DE PARIS, 43

En l'Hôtel et après le décès de M. CHALMEL, ancien Greffier en chef du Tribunal civil de Troyes

VENTE

DE

1000 PIÈCES DE FAIENCES

& PORCELAINES ANCIENNES

de Rouen, Delft, Sèvres, Saxe, Japon, etc.

ÉMAUX. TABLEAUX. BRONZES

PENDULES. TAPISSERIES

BOIS SCULPTÉS & MEUBLES ANCIENS

Époques : Renaissance, Louis XIII, Louis XIV, Louis XV et Louis XVI

COMMISSAIRE-PRISEUR

Mr PLIVARD

Rue Paillot-de-Montabert, 9

EXPERT

M. DETRIMONT

27, rue Laffite, Paris

EXPOSITION PUBLIQUE

Le Samedi 12 et le Dimanche 13 Mai, de 1 h. à 5 h. de l'après-midi

TROYES 1883

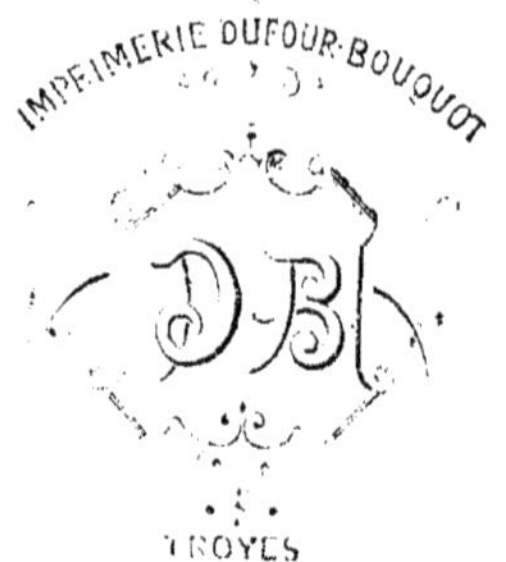
IMPRIMERIE DUFOUR-BOUQUOT
TROYES

CATALOGUE

DES

FAIENCES, PORCELAINES, ÉMAUX
TABLEAUX, BRONZES
PENDULES, TAPISSERIES
BOIS SCULPTÉS ET MEUBLES ANCIENS

(ÉPOQUES : *Renaissance, Louis XIII, Louis XIV, Louis XV et Louis XVI*)

Provenant de la collection de M. CHALMEL, ancien Greffier en chef
du Tribunal civil de Troyes

Et dont la vente aura lieu, après son décès, en son Hôtel

A Troyes, rue de Paris, 49

Le Lundi 14 Mai 1883, et jours suivants, à 2 heures très-précises

Par le ministère de Me PLIVARD, *Commissaire-Priseur*
à Troyes, rue Paillot-de-Montabert, 9

Assisté de M. DETRIMONT, *Expert, 27, rue Laffite, à Paris*

EXPOSITION PUBLIQUE

Le Samedi 12 et le Dimanche 13 Mai 1883, de 1 h. à 5 h. de l'après-midi

CONDITIONS DE LA VENTE

Elle sera faite au comptant.

Les adjudicataires payeront cinq pour cent en sus des enchères.

L'exposition mettant le public à même de se rendre compte de l'état des objets, il ne sera admis aucune réclamation une fois l'adjudication prononcée.

DUFOUR-BOUQUOT. — IMP. DU COMMERCE.

FAIENCES & PORCELAINES

ANCIENNES

1 — Un service en porcelaine ancienne de Chine, décors polychromes composé de quatre-vingts pièces.

2 — Deux jattes en vieux Rouen à la corne.

3 — Une bannette en vieux Rouen à la corne.

4 — Cinq plats ovales en vieux Rouen à la corne.

5 — Trois assiettes en vieux Rouen à la corne tronquée.

6 — Une assiette en vieux Rouen à la corne.

7 — Cinq assiettes en vieux Rouen à la corne.

8 — Sept assiettes vieux Rouen au perroquet.

9 — Trois plats longs à pans arrondis, en faïence ancienne du nord, décors polychromes, genre Rouen.

10 — Un plat octogone en même faïence, vase fleuri au centre.

11 — Deux plats ronds en vieux Rouen, décors polychromes, à la pagode.

12 — Une jatte en vieux Rouen, décors polychromes, à la pagode.

13 — Une assiette en vieux Rouen, décors polychromes, à la pagode.

14 — Une petite soupière avec son plat en faïence de Moustiers, décors jaunes avec personnages.

15 — Quatre assiettes en faïence de Moustiers, décors verts.

16 — Douze assiettes en faïence de Moustiers, décors verts et jaunes avec personnages grotesques.

17 — Deux assiettes en faïence de Rouen, décors polychromes, paysage avec personnages au centre.

18 — Deux plats ovales et un plat rond en faïence de Moustiers, décors verts et jaunes, avec personnages et animaux grotesques.

19 — Une cruche avec couvercle en faïence de Moustiers, décors jaunes.

20 — Quatre assiettes en faïence de Moustiers, décors polychromes, avec bouquets de fleurs sur le marli et au centre.

21 — Un plat octogone, en faïence de Delft, avec godron, sujets chinois et fleurs.

22 — Un plat en porcelaine du Japon doré.

23 — Deux assiettes octogones en faïence de Rouen, dite à cinq couleurs, décorées de guirlandes et de cartouches quadrillées sur le marli, vases fleuris au centre.

24 — Deux assiettes en faïence de Delft, décors bleus avec armoirie au centre.

25 — Deux plateaux en faïence de Moustiers à relief, décors chinois.

26 — Un plat ovale en faïence de Marseille.

27 — Une bouquetière à trois branches en faïence de Rouen, décors bleus.

28 — Cinq assiettes en faïence de Strasbourg, vase fleuri au centre.

29 — Deux assiettes en faïence de Marseille.

30 — Une bouquetière de forme carrée, décors chinois et oiseaux en faïence.

31 — Une petite soupière de mariage et sous-coupe en faïence de Lunéville, avec fleurs.

32 — Quatre assiettes en faïence de Lunéville, avec bouquets ou personnages au centre.

33 — Deux corbeilles ovales avec plats découpés à jours en faïence de Strasbourg.

34 — Deux corbeilles rondes découpées à jours en même faïence.

35 — Un porte-burettes en faïence de Delft doré.

36 — Dix assiettes en porcelaine, pâte de Chantilly, décors bleus.

37 — Trois jattes et trois assiettes en japon bleu.

38 — Une tirelire en faïence de Delft, décors polychromes.

39 — Une cruche en faïence du Nivernais avec couvercle en étain.

40 — Une bouquetière en faïence de Rouen, décors polychromes.

41 — Six assiettes en faïence de Strasbourg.

42 — Quinze assiettes en porcelaine du Japon, décors bleus.

43 — Deux assiettes en faïence de Moustiers, décors polychromes d'Oléri, guirlandes de fleurs sur la bordure, et chiffre au centre.

44 — Un plat ovale en faïence de Moustiers, décors verts.

45 — Un plat rond en faïence de Moustiers, décors polychromes.

46 — Une assiette en faïence de Strasbourg, vase fleuri au centre.

47 — Deux assiettes en faïence d'Aprey, oiseaux au centre.

48 — Deux assiettes à fruits en faïence de Sinceny.

49 — Une assiette en faïence de Rouen, à guirlandes, vase fleuri au centre.

50 — Un grand plat en faïence italienne d'Urbino, décors bleus avec personnages, marqué d'un phare dans le dessous.

51 — Un plat rond en vieux japon, décors polychromes et or.

52 — Une plaque en faïence italienne, décors polychromes, avec sainte Catherine au centre.

53 — Deux soupières en faïence de Strasbourg.

54 — Une couveuse avec ses poussins en faïence.

55 — Sept assiettes en faïence de Delft, décors bleus avec armoiries ou chiffres au centre.

56 — Quatre assiettes en porcelaine du Japon, décors bleus et or.

57 — Une petite plaque en faïence de Delft, décors bleus, monument au centre.

58 — Un plateau en faïence de Delft, décors bleus, tableau central représentant la Résurrection.

59 — Un grand plat ovale en faïence de Delft, décors bleus à lambrequins sur le marli, armoiries au centre.

60 — Deux plaques en faïence italienne de Faenza, décors palychromes avec personnages.

61 — Un tableau en mosaïque italienne.

62 — Deux plats en cuivre émaillé, avec personnages au centre, et animaux en cartouches sur les bords.

63 — Un plat en faïence de Nevers, époque italienne, sujets bleus sur fond jaune, armoiries sur le dessous.

64 — Un plat en faïence de Delft, décors polychromes, dit au Tonnerre.

65 — Un grand plat ovale en faïence de Moustiers, décors polychromes, guirlandes sur les bords, bouquet au centre.

66 — Deux cachepots en vieux Rouen, décors polychromes avec cartouches, bouquets et oiseaux.

67 — Un grand plat en faïence de Rouen, décors bleus à lambrequins, vase fleuri au centre.

68 — Un plat en vieux Rouen à bords festonnés, décors polychromes, vase fleuri au centre.

69 — Un plat de même forme en faïence de Sinceny, décors polychromes, bouquet au centre.

70 — Un service à café en faïence de Lunéville, décors polychromes, bouquets détachés.

71 — Un service de table en faïence d'Apt.

72 — Deux surtouts de table en faïence de Rouen, décors bleus.

73 — Une grande bannette en vieux Rouen, à pans coupés et à deux anses, époque Louis XIV, décors bleus dit à lambrequins, bordures d'arabesques sur le fond encadrant un sujet genre Bérain.

74 — Un plat de forme octogone en faïence de Rouen, décors bleus dit à lambrequins.

75 — Une saussière et deux raviers en vieux Rouen, décors bleus.

76 — Deux vases en faïence de Delft, deux brochets formant la bordure, décors bleus, paysages dans le fond.

77 — Trois salières en porcelaine de Saint-Cloud, décors bleus.

78 — Une soupière en vieux Japon avec son plat, décors bleus.

79 — Dix plats ovales en vieux Japon, décors bleus.

80 — Deux assiettes creuses en vieux Japon, décors bleus.

81 — Trois salières en vieux Japon, décors bleus.

82 — Deux tasses avec soucoupes et un sucrier en vieux japon, décors bleus.

83 — Deux petits plateaux en vieux Japon, décors bleus et or.

84 — Trois plats ronds en faïence de Delft, décors bleus.

85 — Deux légumiers en faïence de Delft, de forme longue contournée, avec arabesques et sujets au centre.

86 — Deux autres avec ornements en reliefs, paysages et sujets au centre.

87 — Un ravier sous forme de deux poissons, en faïence de Delft, décors bleus.

88 — Vingt-huit assiettes en porcelaine de Saint-Cloud, pâte tendre, décors bleus avec fleurs et papillons.

89 — Six grands plats ronds en porcelaine du Japon, décors bleus.

90 — Cent cinquante-deux assiettes en vieux Japon, décors bleus.

91 — Une saussière avec son plateau en vieux Japon, décors bleus.

92 — Trois bouteilles en vieux Japon, décors bleus.

93 — Un pot à eau avec sa cuvette en vieux Japon, décors bleus.

94 — Un grand plat rond en faïence de Delft, décors bleus, ornements en arabesques, avec cartouches sur le marli, au centre la résurrection.

95 — Deux plateaux à piédouches en faïence de Delft, décors bleus avec oiseaux.

96 — Six tasses avec soucoupes en vieille porcelaine de la Cie des Indes, décors polychromes et or.

97 — Deux tasses avec couvercles en vieux Japon doré.

98 — Cinq tasses avec soucoupes en porcelaine ancienne de la Cie des Indes.

99 — Cinq tasses avec soucoupes en vieux Japon doré.

100 — Deux tasses avec soucoupes en vieux Japon doré.

101 — Trois tasses avec soucoupes en porcelaine de Chine dorée.

102 — Un sucrier en porcelaine de Chine.

103 — Un baguier en forme de citron, en porcelaine de Saxe avec fleurs en relief.

104 — Trois assiettes en porcelaine de Chine, décors polychromes et or, personnages au centre.

105 — Deux assiettes en porcelaine de la Compagnie des Indes, au centre un vaisseau battu par la tempête.

106 — Deux assiettes en porcelaine de Chine, au centre vaisseau avec pavillons déployés.

107 — Une petite tasse avec couvercle en porcelaine de Sèvres, fleurs détachées, médaillon avec la lettre S.

108 — Un petit pot au lait et un encrier en porcelaine de Sèvres, fleurs détachées.

109 — Une tasse à l'initiale D, avec soucoupe marquées KK, en porcelaine de Sèvres.

110 — Une tasse à deux anses avec couvercle et soucoupe en porcelaine de Sèvres, fleurs détachées, marque gros bleu surmontée d'une couronne.

111 — Une tasse avec soucoupe en porcelaine de Sèvres, bordures bleues et or, avec cartouches, décorées de fleurs.

112 — Une tasse dorée avec soucoupe (style Empire), décors japonais sur fond bleu.

113 — Une assiette en porcelaine, dite à la Reine, au centre les lettres enlacées P et L, surmontées d'une couronne.

114 — Une petite tasse en porcelaine de Vincennes.

115 — Une tasse en porcelaine de Chantilly, décorée de fleurs et de papillons.

116 — Une soucoupe en porcelaine de Chantilly, fleurs détachées.

117 — Deux tasses et soucoupes en porcelaine de Saint-Cloud, décors Bérain en bleu.

118 — Une soucoupe en porcelaine de Saxe avec fleurs détachées.

119 — Une coquille en porcelaine de Saxe, fleurs détachées.

120 — Un petit plat ovale en porcelaine de Saxe, décors en reliefs.

121 — Quatre assiettes en porcelaine de Chine, décors polychromes et or.

122 — Une tasse en porcelaine de Chine, dit Vieux craquelé.

123 — Un pot au lait avec couvercle en porcelaine de Saxe, avec sujets genre Boucher.

124 — Un autre sans couvercle, fleurs détachées.

125 — Une théière en porcelaine de Saxe, fleurs détachées.

126 — Une tasse et une soucoupe en saxe, fleurs détachées.

127 — Une tasse avec deux anses en saxe, fleurs détachées.

128 — Une soucoupe en saxe, marque bleue T et L enlacés, décors polychromes, oiseau perché au centre.

129 — Une tasse à l'initiale E surmontée d'une couronne, et une soucoupe à l'initiale M en porcelaine de Saxe, décors polychromes et or.

130 — Une tasse avec couvercle en saxe, à l'initiale H surmontée d'une couronne.

131 — Une petite cruche en Saxe, fleurs détachées.

132 — Une petite soupière à deux anses avec soucoupe en Saxe, fleurs détachées.

133 — Un petit sucrier en Saxe, fleurs détachées.

134 — Quatre statuettes en Saxe avec fleurs et arbustes détachés, décors polychr.

135 — Un petit plat en émail avec décors polychr., à réserve sur fond vert (origine chinoise).

136 — Quatre assiettes en porcelaine de Chine à bords contournés, décors polychr. et or.

137 — Un plat en porcelaine de Chine, décors polychr., fleurs et oiseaux.

138 — Une jatte en Japon, décors polychr. et or.

139 — Trois assiettes octogones en porcelaine de Chine, décors polychr., fleurs et de personnages.

140 — Une assiette en porcelaine de Chine, décors polychr. ; au centre batailles de coqs avec rehaut d'or.

141 — Une autre avec personnages chinois.

142 — Une assiette octogone en porcelaine de Chine, décors polychr. avec ornements en relief.

143 — Trois assiettes en Japon, décors polychr. et or.

144 — Deux plateaux et une coupe en porcelaine de Chine (Céladon), décorés d'oiseaux et de papillons en reliefs.

145 — Deux tasses et soucoupes en Chine de forme sexagone, décors polych.

146 — Une petite cafetière en Chine, fleurs détachées.

147 — Une tasse et soucoupe en Japon, décors polychr. et or.

148 — Une théière en porcelaine de Satzsuma, fleurs détachées.

149 — Deux grands bols en porcelaine de Saxe, fleurs détachées.

150 — Deux jattes en Japon, décors polychr. et or.

151 — Un plat rond en vieux Rouen à bords contournés, décors bleus, bouquet fleuri au centre.

152 — Un autre en faïence de Sinceny, décors polychr., bouquet fleuri au centre.

153 — Un grand plat long à angles coupés, en vieux Rouen, décors bleus à lambrequin.

154 — Un rafraîchissoir à trois compartiments en faïence de Rouen, décors bleus.

155 — Une bouteille en vieux Rouen, de forme plate, têtes de boucs sur les côtés, décors bleus.

156 — Un grand plat rond en vieux Rouen, décors bleus dits à lambrequin.

157 — Une bouteille en vieux Nevers (1re époque), avec anses en torsades et paysages polychromes.

158 — Un rhinocéros monté de son cornac, en porcelaine de Chine, décors polychrome.

159 — Deux potiches en Delft, décors Japonais.

160 — Une grande cafetière de forme conique en porcelaine de Chine, décors polychromes.

161 — Treize assiettes en porcelaine de Chantilly, œillets violets au centre.

162 — Sept assiettes en Chine, décors polychromes, avec cartouches en bordure et fleurs au centre.

163 — Cinq assiettes en porcelaine de la Cie des Indes (vaisseau au centre).

164 — Deux assiettes octogones, en porcelaine de la Cie des Indes, décors polychrome et or.

165 — Huit assiettes octogones en porcelaine du Japon, avec nielles sur fond noir.

166 — Dix assiettes en chine, avec ornements en relief, bouquets détachés.

167 — Douze assiettes en Japon, à bords festonnés, décors bleus et or.

168 — Seize assiettes en faïence de la Cie des Indes, décors polychromes et or.

169 — Quatre assiettes en Japon, décors de roses avec or.

170 — Six assiettes en Japon, décors de roses avec or.

171 — Deux assiettes en Japon, bleu et or.

172 — Six assiettes en Chine décors polychromes et or.

173 — Deux assiettes en Chine, décors polychromes et or, avec oiseaux sur branches.

174 — Deux assiettes en Chine, décors polychromes en relief, vase fleuri au centre.

175 — Trois assiettes en Japon doré.

176 — Cinq assiettes en Chine, décors polychromes.

177 — Un grand plat rond en faïence de Rouen, époque Louis XIV, décors bleus à lambrequins, avec rosace centrale.

178 — Un autre en faïence de Nevers, décors bleus Japonais avec personnages.

179 — Une grande potiche et deux pots en Japon, décors polychromes et or.

180 — Quatre suspensions avec culots en faïences anciennes, montées sur cuivre.

181 — Une jatte en vieux Rouen, décors polychromes, dits aux cinq couleurs.

182 — Un petit plat octogone en faïence de Rouen à deux couleurs, corbeille fleurie au centre.

183 — Sept assiettes à bords contournés, en faïence d'Aprey, bouquet au centre.

184 — Deux candélabres en cuivre doré montés sur deux cornets en vieux Japon bleu.

185 — Une grande bouteille en faïence de Delft. décors bleus.

186 — Un plat octogone en faïence de Rouen, décors bleus.

187 — Une petite potiche en Japon bleu.

188 — Deux plats ronds en faïence de Delft, décors bleus, paysage au centre.

189 — Deux potiches en faïence de Delft, décors bleus, ornements Louis XV avec reliefs, vases fleuris.

190 — Une coupe en vieux chine montée sur cuivre, décors polychromes.

191 — Un petit plat octogone en vieux Rouen, décors polychromes, fleurs au centre.

192 — Un grand plat rond en vieux Rouen, décors bleus sur le marli et au centre (tête de cerf).

193 — Un grand plat ovale faïence de Rouen dit à la double corne, décors polych.

194 — Deux bouquetières en faïence de Lorraine, décors verts, et deux autres en faïence de Strasbourg.

195 — Un pot à eau avec convercle et une assiette en faïence de Strasbourg.

196 — Une potiche en faïence de Nevers, décors persans, bleu pâle.

197 — Un petit plateau en faïence de Delft, décors polychr.

198 — Une potiche en faïence de Delft, médaillons rocailles sur chaque face avec paysages et oiseaux.

199 — Sept assiettes en faïence d'Aprey, bouquet central.

200 — Une grande cuvette avec anses en faïences de Rouen, décors bleus.

201 — Dix assiettes en faïence du Nivernais (oiseaux et animaux au centre).

202 — Quatre assiettes en faïence de Verages, œillet au centre.

203 — Trois assiettes en faïence d'Aprey (sujet patronimique au centre).

204 — Dix assiettes en faïence du Nivernais avec personnages au centre.

205 — Une gourde en faïence du Nivernais de forme applatie, percée à jour au centre.

206 — Quatre assiettes faïence de Moustiers, fleurs aux centres et sur les bords.

207 — Un petit plat ovale, décors en manganèse, fleurs sur le marli, pagode au centre.

208 — Onze assiettes en faïence de Delft, décors bleus.

209 — Une jatte en porcelaine de Delft; décors polych. et or.

210 — Deux plateaux en faïence de Nevers, décors bleus avec personnages.

211 — Un petit plateau en faïence de Moustiers, décors Bérain.

212 — Un saladier, une saussière et deux jattes à bords cannelés, en faïence d'Aprey.

213 — Deux assiettes en faïence de Moustiers à fond bleu.

214 — Une jatte en Delft, feuillage en médaillon sur fond vert.

215 — Deux bouquetières en vieux Rouen, décors bleus.

216 — Huit assiettes en faïence du nord, œillet au centre et fleurs sur le marli.

217 — Trois grands vases en faïence de Rouen, sur piédouches avec mascarons, décors de paysages orientaux en bleu foncé, hauteur 0m 64, diamètre 0m 54.

218 — Vingt vases de toutes dimensions en vieux Rouen décors bleus.

219 — Un grand vase à fleurs à piédouche (tête de bélier en mascaron), décors polychr. en faïence de Lorraine, haut. 0m 40 diamètre 0m 37.

220 — Un seau en faïence de Lorraine, décors polychr.

221 — Un autre en faïence de Rouen, avec mascarons, décors bleus.

222 — Un autre en faïence de Rouen, avec personnages chinois.

223 — Un cachepot en faïence de Delft, décors polychr.

224 — Deux cachepots en vieux Rouen, décors bleus.

225 — Trois cachepots en faïence de Rouen décors polychr.

226 — Une grande potiche en faïence italienne, décors polychr. en arabesque.

227 — Deux petites statuettes en faïence de Lunéville, décors polychr.

228 — Une jardinière carrée à pans coupés, en faïence de Sceaux.

229 — Deux petits cachepots en faïence de Sceaux, décors bleus, style Louis XVI, avec mascarons en relief et armoiries.

230 — Un encrier avec plateau en porcelaine de Saint-Cloud, décors bleus.

231 — Deux pièces en faïence de Delft, de forme arrondie et à pans, sur piédouches, décors bleus.

232 — Deux petites bouteilles à longs cols, en faïence de Delft, décors bleus, sur piédouches.

233 — Une veilleuse en faïence de Rouen, en forme de tour gothique, décors bleus derrière, l'année 1690 (fleurs et personnages).

234 — Une statuette en faïence du Nivernais représensentant saint Jean-Baptiste.

235 — Un buste en faïence de Lunéville (émaillé blanc).

236 — Un vase supporté par un dragon en porcelaine blanche de Saxe, marqué sur pied D V.

237 — Une statuette en porcelaine blanche de Chine.

238 — Une fontaine en porcelaine de Chine, décors polychr. avec sujets en relief.

239 — Deux cornets en faïence espagnole à reflets métalliques.

240 — Deux cruches en faïnce de Nevers, décors fond bleu et blanc fixe.

241 — Une coupe en porcelaine avec anses (style Empire).

242 — Deux petits baguiers en porcelaine de Saxe, décors polychr.

243 — Une petite pendule et deux flambeaux Louis XV en cuivre doré, ornés de statuettes, de fleurs et de feuillage en porcelaine de Saxe.

244 — Un vase en faïence de Nevers à anses torses.

245 — Trois assiettes en faïence de Delft et une en vieux Japon, décors bleus.

246 — Potiche en faïence de Delft, décors bleus.

247 — Un pot à eau et sa cuvette en porcelaine de Saxe moderne.

248 — Deux petits cachepots en faïence de Nevers, à anses torses.

249 — Une aiguière en faïence de Nevers, décors bleu-pâle.

250 — Un vase en faïence de Rouen, époque Louis XIV, monté sur un pied en bois, décors bleus.

251 — Deux petits plats en faïence de Nevers, décors bleus.

252 — Deux cachepots en faïence de Rouen, époque Louis XIV.

253 — Deux assiettes et une soucoupe en faïence de Delft.

254 — Un sucrier en faïence de Delft avec sujets chinois.

255 — Deux cachepots en faïence de Marseille.

256 — Une assiette en faïence ancienne, décors polychr., personnages à cheval au centre.

257 — Deux pièces représentant deux chimères en faïence de Faenza.

258 — Un petit plat à reflets en ancienne faïence hispano-mauresque.

CRISTAUX

259 — Vingt-et-un carafons en cristal taillé et dore.

260 — Un huilier en cristal de Venise.

261 — Un plateau en cuivre ciselé avec quatre carafons en cristal taillé et doré.

262 — Cinq compotiers en cristal.

263 — Deux verres à pieds en cristal de Venise avec décors style Louis XV.

264 — Une cuvette avec pot à eau en verre de Bohême taillé.

265 — Cinq flacons en verre de Venise, décors polychrômes.

266 — Huit plateaux en cristal de Bohême taillé.

267 — Sept grands verres en verre de Bohême.

268 — Six verres à pied en cristal de Venise et un autre de forme plate.

269 — Douze verres à pied en verre de Bohême.

270 — Deux surtouts en verre de Venise.

271 — Deux beurriers avec plateaux, une gourde, un sucrier à poudre, deux flacons ronds, deux burettes et une tasse, le tout en verre de Bohême taillé.

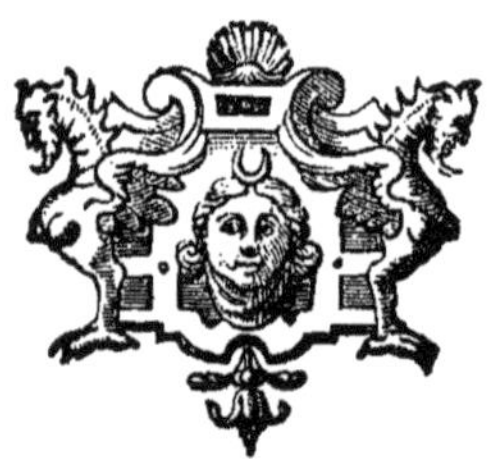

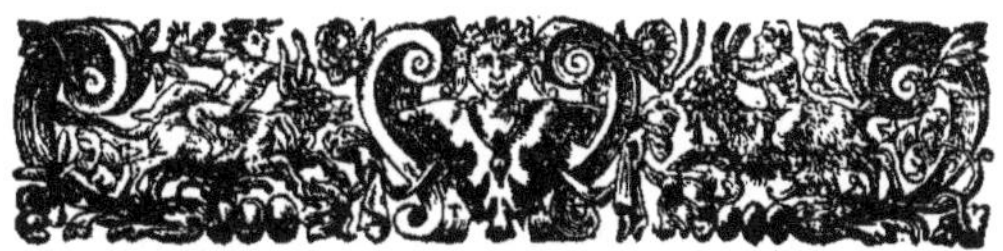

TABLEAUX

272 — Boucher. — Leçon de musique.

273 — Inconnu. — Le festin de Balthazar (école italienne).

274 — Guido Reni dit le Guide. — Sainte Madeleine en extase.

275 — Monnoyer dit Baptiste. — Deux tableaux sur toile (bouquet de fleurs).

276 — Abraham Mignon. — Un tableau sur toile (bouquet de fleurs).

277 — Inconnu. — Une chienne tenant une perdrix sous ses pattes (d'après Fyt).

278 — Monnoyer dit Baptiste. — Un tableau sur toile (bouquet de fleurs).

279 — Inconnu. — Un tableau sur toile (école flamande) l'Hallali.

280 — QUANTIN, élève de Largillière. — Un tableau sur toile (école française), Nature morte.

281 — Inconnu. — Pastel, Mme de Maintenon.

282 — Inconnu. — Peinture sur toile, la Sainte Vierge et l'Enfant Jésus (école italienne).

283 — Inconnu. — Peinture sur toile, une tête de vieillard.

284 — Inconnu. — Vénus et Neptune, dans un cadre sculpté.

285 — Inconnu. — Une peinture sur bois à double face, encadrée d'amours et d'arabesques, époque Louis XIV.

286 — Une nièce de Mazarin (d'après MIGNARD).

287 — G. LAIRESSE. — Un petit tableau sur bois, de l'école italienne, la Sainte Vierge et l'Enfant Jésus.

288 — Ph. WOUVERMANS (attribué à). — L'Abreuvoir.

289 — Quatorze miniatures sur ivoire, dans un très-beau cadre Louis XIV.

290 — Inconnu. — Un tableau sur toile, paysage.

291 — Inconnu. — Un tableau sur cuivre, la Vierge, l'Enfant Jésus et Saint Jean.

292 — Un petit tableau en mosaïque, sujet espagnol.

293 — Inconnu. — Portrait de femme peint sur toile genre BOUCHER.

294 — Un tableau sur cuivre, la Sainte Famille.

295 — FRANCK. — Le Passage de la Mer rouge.

296 — Inconnu — Un tableau sur toile, la Correction (d'après Jean STEEN).

297 — Inconnu. — Un tableau représentant une Diane chasseresse.

298 — Un portrait (d'après GRECO).

299 — Inconnu — La marchande de légumes (d'après JEAN STEEN).

300 — Inconnu. — Un portrait d'homme (d'après GRECO).

301 — Inconnu. — Tête de vieillard (d'après PAULYN),

302 — Inconnu. — Un paysage (d'après CUYP).

303 — Inconnu. — Adoration des Bergers (d'après MURILLO).

304 — Inconnu. — Une tête de jeune fille (d'après GREUZE).

305 — Inconnu. — Un paysage (d'après KARL VERNET).

306 — Inconnu. — Mendiants (d'après MURILLO).

307 — Inconnu. — Deux marines avec personnages (d'après Boucher).

308 — Inconnu. — Un paysage (d'après Breugel).

309 — Inconnu. — Cinq portraits, époque Louis XVI, (crayons rehaussés), dans des cadres en bois sculpté.

310 — Inconnu. — Une sanguine.

311 — Inconnu. — Une gouache (l'Escarpolette).

312 — Inconnu. — Portrait de Sedaine.

313 — Inconnu. — Portrait d'homme (époque Louis XIII).

314 — Inconnu. — Deux morceaux de chaises à porteur (sujets imprimés).

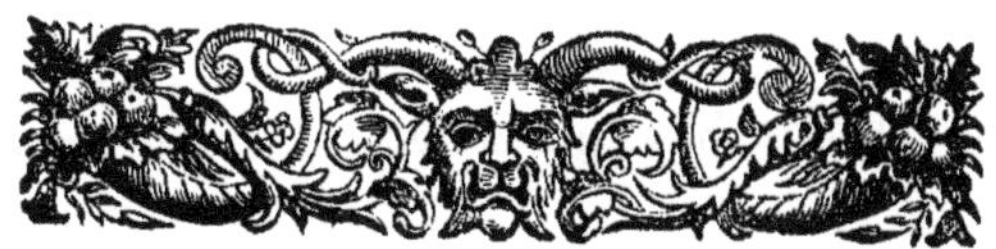

MEUBLES ANCIENS

315 — Une crédence époque Louis XIII.

315 — Un meuble de salon Louis XV garni d'une tapisserie ancienne au petit point, composé de : un canapé, deux bergères et sept fauteuils.

317 — Six autres fauteuils garnis d'une même tapisserie.

318 — Deux fauteuils Louis XV garnis d'une tapisserie ancienne des Gobelins, avec sujets genre Boucher.

319 — Un écran Louis XV garni d'une vieille tapisserie.

320 — Une console Louis XVI, en bois de rose.

321 — Un tric-trac en bois de rose avec ses jetons en ivoire.

322 — Un bonheur du jour en bois de rose.

323 — Deux fauteuils, cinq chaises et quatre tabourets Louis XIII garnis en tapisserie ancienne.

324 — Deux tabourets Louis XIV en bois doré, garnis en tapisserie ancienne.

325 — Un grand canapé (style Louis XIV) garni en velours avec bandes en tapisserie.

326 — Un fauteuil de bureau Louis XV.

327 — Un cabinet Louis XIII en ébène, sur huit colonnes torses et à cannelures, avec sujets bibliques en relief.

328 — Un magnifique cabinet Louis XIII en ébène, sur huit colonnes à cannelures, avec garnitures en cuivre doré, ornés à l'extérieur d'écailles rouges sur bossage, et à l'intérieur de plaques en émail et en marbre bleu et blanc.

329 — Une table bureau genre Louis XIII, en bois sculpté.

330 — Quatre grands rideaux en tapisserie.

331 — Deux meubles d'entre-deux Louis XVI en bois de rose, avec marbres.

332 — Six fauteuils Louis XVI garnis de tapisserie Louis XIII.

333 — Une toilette Louis XV en bois de rose.

334 — Un petit bahut Renaissance en bois sculpté.

335 — Une grande tapisserie ancienne avec bordure, paysage et oiseaux au centre.

336 — Une petite commode Louis XVI en bois de rose.

337 — Un bureau cylindre Louis XVI en bois de rose.

338 — Un écran Louis XV garni d'une tapisserie Louis XVI.

339 — Deux fauteuils Louis XV garnis de tapisserie.

340 — Une couchette Louis XV.

341 — Quatre fauteuils Louis XV garnis de tapisserie.

PENDULES ANCIENNES
BUSTES & OBJETS DIVERS

342 — Bustes de Marie-Antoinette et de Louis XVII en biscuit de Sèvres (pâte tendre).

343 — *Pieta,* en vieux chêne.

344 — Petite statue en marbre blanc (saint Bernard).

345 — Un panneau en vieux chêne, représentant un moine en prières.

346 — Une tête et un buste en biscuit de Sèvres.

347 — Deux bustes formant pendant, en biscuit de Sèvres.

348 — Un groupe d'enfants, en terre de Lorraine.

349 — Un groupe en terre de Lorraine (le Tonnelier).

350 — Une petite momie égyptienne.

351 — Saint Chrysostôme, en ivoire.

352 — Deux baguiers en cuivre, peinture sur émail au centre.

353 — Deux médaillons en bronze : Voltaire et Jean-Jacques Rousseau.

354 — Un émaill du XIVe siècle représentant une descente de croix.

355 — Deux bustes en terre cuite italienne.

356 — Deux médaillons en ivoire : Diane de Poitiers et un autre sujet.

357 — Un grand buste de Louis XV, en pierre, par Bouchardon.

358 — Un autre, représentant Louis-Philippe, de Chauvelin.

359 — Deux petits bustes en pierre, représentant deux vieillards.

360 — Un portrait de Louis XVI, en cuivre ciselé et doré. (Belle épreuve.)

361 — Deux flambeaux Louis XV en bronze argenté.

362 — Deux flambeaux Louis XVI en bronze doré, avec guirlande de fleurs.

363 — Une grande glace Louis XIV dans un cadre sculpté et doré.

364 — Deux flambeaux Louis XVI à deux branches en bronze doré.

365 — Deux flambeaux Louis XVI en bronze doré.

366 — Deux chenets en bronze doré.

367 — Deux flambeaux appliques, à deux branches.

368 — Deux paires de grands rideaux en soie rouge, avec lambrequins en velours.

369 — Deux grandes pendules Louis XV, avec socles, dont une au vernis Martin.

370 — Une glace vénitienne Louis XIII dans un cadre noir.

371 — Deux chenets Louis XVI, avec galerie en cuivre doré.

372 — Deux chenets Louis XIII en cuivre ciselé.

373 — Une glace Louis XIII, avec cadre en poirier.

374 — Douze vitraux (grisailles).

375 — Une petite glace Louis XIV.

376 — Deux chandeliers Louis XIII en bronze doré.

377 — Une petite pendule Louis XVI en cuivre ciselé et doré.

378 — Une glace Louis XV.

379 — Une glace vénitienne Louis XIII avec cadre garni de cuivres repoussés.

380 — Une grande glace (époque Louis XIV).

381 — Deux petites consoles en bois sculpté et doré (Louis XIII et l'autre Louis XIV).

382 — Une glace de Venise.

383 — Un baromètre Louis XVI.

384 — Un lot de vieux cadres en bois sculpté (époques Louis XIII et Louis XIV).

385 — Un coffret de mariage Louis XIII en bois sculpté.

386 — Deux portraits sur cuivre.

387 — Une table de nuit Louis XV en poirier.

388 — Un bahut Renaissance.

389 — Une commode Louis XV en bois de rose.

390 — Un lot de morceaux de vieilles tapisseries.

391 — Un bois de fauteuil Louis XIII.

392 — Un petit buffet Louis XIII.

393 — Deux encoignures Louis XVI et Louis XV.

394. — Une lanterne d'antichambre style Louis XV.

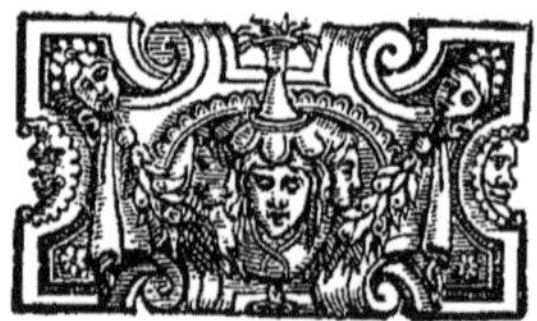

www.ingramcontent.com/pod-product-compliance
Ingram Content Group UK Ltd.
Pitfield, Milton Keynes, MK11 3LW, UK
UKHW020457180726
13839UKWH00004B/1824